Ir. Aparecida Matilde Alves, fsp

Novena das Rosas

História e novena a
Santa Teresinha do Menino Jesus

Paulinas

Citações bíblicas: *Bíblia Sagrada*, tradução da CNBB, 7. ed. 2008.

Editora responsável: *Andréia Schweitzer*
Equipe editorial

Nenhuma parte desta obra poderá ser reproduzida ou transmitida por qualquer forma e/ou quaisquer meios (eletrônico ou mecânico, incluindo fotocópia e gravação) ou arquivada em qualquer sistema ou banco de dados sem permissão escrita da Editora. Direitos reservados.

1ª edição – 2015
6ª reimpressão – 2024

Cadastre-se e receba nossas informações
paulinas.com.br
Telemarketing e SAC: 0800-7010081

Paulinas
Rua Dona Inácia Uchoa, 62
04110-020 – São Paulo – SP (Brasil)
📞 (11) 2125-3500
✉ editora@paulinas.com.br

© Pia Sociedade Filhas de São Paulo – São Paulo, 2015

A Santa das Rosas

Por que Santa Teresinha é conhecida mundialmente como "A Santa das Rosas"?

No dia 11 de março de 1873, não sabendo mais o que fazer para curar sua pequena Thérése de uma atroz gastroenterite, Zélia Martin resolveu ir a Sémaillé, um vilarejo próximo a Alençon (França), à procura de uma senhora chamada Rose Taillé para ser a ama de leite de sua caçula.

Assim, de 16 de março de 1873 a 2 de abril de 1874, Teresa viveu nesse lugar onde os habitantes tinham um belo costume: presentear-se, por qualquer motivo, com flores. Em carta à sua prima Maria Guérin, Teresinha afirma seu amor pelas rosas: "Amo tanto uma bela rosa branca quanto uma rosa vermelha".

Teresinha aproveita a imagem da rosa para explicar um elemento importante de sua caminhada espiritual: "Compreendi que o brilho da rosa... não tira o perfume da pequena violeta... Compreendi que, se todas as florzinhas quisessem ser rosas, a natureza perderia seu enfeite primaveril...". Por isso, Deus criou "os grandes santos que podem ser comparados... às rosas. Mas no jardim da vida há lugar para as humildes flores, as frágeis violetas, que não possuem o vigor e o perfume das rosas, mas mesmo assim enfeitam o mundo. As rosas são os gigantes da fé. As violetas são as almas pequenas que trilham o pequeno caminho".

Teresa de Lisieux – Santa Teresinha do Menino Jesus – queria ser tudo: guerreira, missionária, apóstola. Por fim, teve a intuição: *ser o amor*.

Compreendi que só o amor fazia agir os membros da Igreja e que, se o amor viesse a se extinguir, os apóstolos não anunciariam mais o Evangelho, os mártires se recusariam a derramar o seu sangue... Compreendi que o amor encerra todas as vocações e que o amor é tudo, abraça todos os tempos e todos os lugares... Numa palavra, o amor é eterno... encontrei minha vocação: o amor! *No coração da Igreja, minha mãe, eu serei o amor.*

Antes de morrer, Santa Teresinha prometeu:

Quero passar meu céu fazendo o bem sobre a terra.

Ninguém me chamará em vão.

Não vou ficar ociosa, no céu, olhando a face de Deus, mas ficarei olhando para a terra, para ajudar quem me procurar.

Farei cair sobre todos uma chuva de rosas.

Desde então, milhares de pessoas por todo o mundo têm recebido rosas de Santa Teresinha, como sinal de que seus pedidos serão atendidos.

Origem da Novena
das Rosas de Santa Teresinha

Conta-se que Pe. Antônio Putingan, jesuíta já idoso, sentindo suas forças diminuírem dia a dia, em 3 de dezembro de 1925 decidiu fazer uma novena a Santa Teresinha, pedindo um pouco mais de saúde. E escolheu rezar, durante nove dias, 24 "Glórias", agradecendo por todos os benefícios que a Trindade Santíssima concedera a Santa Teresinha durante os seus vinte e quatro anos de vida terrena.

Pe. Putingan desejava saber se a santa lhe alcançaria a graça que pedira e, por isso, propôs receber algum sinal; quem sabe, pensou o sacerdote, se a santa sugerisse a alguma pessoa que oferecesse uma rosa a ele.

Rezava fielmente os 24 "Glórias" e, com grande ansiedade, esperava pelo sinal de

Santa Teresinha de que seu pedido seria atendido. E assim foi que, no terceiro dia da novena, para sua surpresa, foi visitado por uma jovem da paróquia que gentilmente lhe presenteou com uma bela rosa vermelha.

Pe. Putingan, vencendo o espanto que acompanhara sua alegria pelo sinal recebido, perguntou à jovem como havia tido a ideia de lhe levar a linda flor, e ela alegremente lhe disse: "Ontem foi meu aniversário e ganhei algumas rosas. Pensei, então, que o senhor ficaria feliz em receber também uma rosa nesse período do ano em que elas são tão raras por causa do inverno". E ele concluiu: "Pode ter sido acaso, mas nunca alguém me ofereceu uma rosa no inverno, com neve e dez graus abaixo de zero!".

Na véspera do Natal do mesmo ano, Pe. Antônio Putingan resolveu iniciar outra novena a Santa Teresinha, pedindo outras duas graças. E mais uma vez colocou em teste a delicadeza da santa, pedindo-lhe outra rosa como sinal de que seu pedido seria atendido; mas dessa vez uma rosa branca.

E qual não foi a sua surpresa quando, no quarto dia da novena, uma religiosa, Irmã Vitalis, entrou em seu aposento trazendo-lhe uma rosa branca e lhe disse: "Padre, trouxe-lhe este presente de Santa Teresinha, que também lhe manda lembranças".

O padre ficou assustado e perguntou: "Mas de onde vem esta rosa?". A irmã explicou: "Estava rezando na capela e senti o desejo de me aproximar do altar onde está a imagem de Santa Teresinha. Ajoelhando-me a sua frente, vi que esta rosa caiu de cima do altar. Lembrei-me do senhor e vim trazê-la para animá-lo".

Alcançadas as graças que pedira, Pe. Putingan decidiu divulgar a novena dos 24 "Glórias", oferecida em agradecimento pelos benefícios de Deus a Santa Teresinha durante seus vinte e quatro anos de vida.

A novena pode ser feita individualmente, em família, grupo ou comunidade, em qualquer época do ano. O importante é ser sinceramente agradecido a Deus Pai, Filho e Espírito Santo por todo o bem que realizou na vida de Santa Teresinha e por tudo o que ela significa para a Igreja, rezando com fé e gratidão esta oração tão breve de louvor a Deus: "Glória ao Pai, ao Filho e ao Espírito Santo. Como era no princípio, agora e sempre, e por todos os séculos dos séculos. Amém".

Novena das Rosas

Pode-se fazer a novena em qualquer dia do mês, mas é costume fazê-la entre os dias 9 e 17, para assim unir-se a um número maior de devotos que a rezam durante esse período, em diversas partes do mundo.

Oração

Em nome do Pai, do Filho e do Espírito Santo. Amém.

Santíssima Trindade, eu vos agradeço por todos os favores, todas as graças com que enriquecestes vossa serva, Santa Teresinha do Menino Jesus, durante os vinte e quatro anos em que ela passou nesta terra. E pelos méritos de tão grande santa, concedei-me a graça que suplicante vos peço (*pedir a graça desejada*), se for conforme a vossa santíssima vontade e para o meu bem.

Ajudai a minha fé e a minha esperança, ó Santa Teresinha, cumprindo mais uma vez a vossa promessa de que ninguém vos invocaria em vão, fazendo-me ganhar uma rosa como sinal de que alcançarei a graça pedida.

Pai-Nosso e Ave-Maria.

Glória ao Pai, ao Filho e ao Espírito Santo. Como era no princípio, agora e sempre, e por todos os séculos dos séculos. Amém (*repetir 24 vezes*).

Santa Teresinha do Menino Jesus, rogai por nós.

Ladainha a Santa Teresinha

Senhor, *tende piedade de nós.*
Jesus Cristo, *tende piedade de nós.*
Senhor, *tende piedade de nós.*
Jesus Cristo, *ouvi-nos.*
Jesus Cristo, *atendei-nos.*

Deus Pai do céu,   *tende piedade de nós.*
Deus Filho,
   redentor do mundo,   "
Deus Espírito Santo,   "
Santíssima Trindade,
   que sois um só Deus,   "

Santa Teresa do Menino Jesus
   e da Santa Face,   *rogai por nós.*
Santa Teresinha,
   enlevo do Pai do Céu,   "
Santa Teresinha,
   identificada com Cristo,   "

Santa Teresinha,
   abrasada no amor
   do Espírito Santo,   *rogai por nós.*
Santa Teresinha,
   curada pelo
   sorriso de Maria,   "
Santa Teresinha,
   pérola do Carmelo,   "
Santa Teresinha,
   amor no coração da Igreja, "
Santa Teresinha,
   dom de Deus ao mundo, "
Santa Teresinha,
   apaixonada pela face
   de Jesus,   "
Santa Teresinha,
   santificada no sangue
   de Jesus,   "
Santa Teresinha,
   que "escolheu tudo"
   o que Jesus queria,   "

Santa Teresinha,
sorriso de Deus
nesta terra, *rogai por nós.*
Santa Teresinha,
rosa desfolhada aos pés
do Divino Mestre, "
Santa Teresinha,
entregue ao Amor
Misericordioso, "
Santa Teresinha,
filha admirável de
Santa Teresa de Jesus, "
Santa Teresinha,
filha e discípula de
São João da Cruz, "
Santa Teresinha,
que nada recusou a Deus, "
Santa Teresinha,
inflamada pelo amor
da Eucaristia, "

Santa Teresinha,
 irmã e amiga
 dos sacerdotes, *rogai por nós.*
Santa Teresinha,
 sentada à mesa
 dos pecadores, "
Santa Teresinha,
 doutora da Igreja, "
Santa Teresinha,
 modelo de juventude, "
Santa Teresinha,
 padroeira das missões, "
Santa Teresinha,
 nossa irmã e intercessora, "

Cordeiro de Deus, que tirais os pecados do mundo, perdoai-nos, Senhor.

Cordeiro de Deus, que tirais os pecados do mundo, ouvi-nos, Senhor.

Cordeiro de Deus, que tirais os pecados do mundo, tende piedade de nós.

Rogai por nós, Santa Teresinha, para que sejamos dignos das promessas de Cristo.

Oremos

Ó Deus Todo-poderoso e eterno, que abris as portas do vosso Reino aos pequeninos e aos humildes. Concedei-nos a graça de seguirmos os passos de Santa Teresa do Menino Jesus pelo caminho pequenino da confiança que ela nos assinalou e pelo qual ela nos deseja conduzir. E assim, pela sua oração e pela sua sabedoria alcançaremos a revelação da vossa glória. Por Jesus Cristo, vosso Filho, na unidade do Espírito Santo. Amém.

Oração das rosas

Santa Teresinha do Menino Jesus, modelo de humildade, confiança e amor. Do alto dos céus derrama sobre nós estas rosas que levas em teus braços: *a rosa da humildade*, para que vençamos nosso orgulho e aceitemos o Evangelho; *a rosa da confiança*, para que nos abandonemos à vontade de Deus; *a rosa do amor*, para que, abrindo nossa alma à graça divina, realizemos o único fim para o qual Deus nos criou: amá-lo e fazer com que ele seja amado por todos. Tu que passas teu céu fazendo o bem na terra, ajuda-me nas minhas necessidades, concedendo-me a graça de que estou precisando, e proteja-me contra todo o mal. Amém.

Oração pelos missionários

Ó Santa Teresinha, sois exemplo de simplicidade e de humildade e sempre vos colocastes nas mãos do Pai. Intercedei junto a Deus para que os homens compreendam o vosso caminho, que leva ao Céu, para que, vencendo o egoísmo e o orgulho, possam construir um mundo melhor e conquistem os povos para o Reino de Cristo pelo amor, justiça e paz. Fazei com que os homens compreendam a mensagem do Evangelho e sejam atraídos a viver o ideal cristão do amor pelo espírito de desapego e doação. Santa Teresinha do Menino Jesus, padroeira das missões, rogai por nós e protegei os missionários. Amém.

Prece a Santa das Rosas

Santa Teresinha, trilhastes o caminho da humildade e da submissão à vontade de Deus. Ensinai-nos, ó Santa Mestra, doutora da Igreja, o caminho da santidade que nasce da escuta da Palavra de Deus, da realização de coisas simples e sem importância aos olhos do mundo. Nós vos pedimos que continueis a cumprir vossa promessa de fazer chover rosas de graças e bênçãos sobre o mundo. Desejamos muitas rosas do vosso jardim. Reparti conosco as graças que recebeis de Deus Pai. Intercedei por nós junto a ele. Por vossas preces, venha o Senhor em nosso socorro (*fazer o pedido*). Velai, ó Flor do Carmelo, por nossas famílias: que em nossos lares haja paz, compreensão e diálogo. Velai por nossa pátria, para que tenhamos governantes íntegros, atentos aos anseios e necessidades do povo sofrido. Velai por nós, para que o espírito missionário impregne todas as nossas ações. Amém.

NOSSAS DEVOÇÕES
(Origem das novenas)

De onde vem a prática católica das novenas? Entre outras, podemos dar duas respostas: uma histórica, outra alegórica.

Historicamente, na Bíblia, no início do livro dos Atos dos Apóstolos, lê-se que, passados quarenta dias de sua morte na Cruz e de sua ressurreição, Jesus subiu aos céus, prometendo aos discípulos que enviaria o Espírito Santo, que lhes foi comunicado no dia de Pentecostes.

Entre a ascensão de Jesus ao céu e a descida do Espírito Santo, passaram-se nove dias. A comunidade cristã ficou reunida em torno de Maria, de algumas mulheres e dos apóstolos. Foi a primeira novena cristã. Hoje, ainda a repetimos todos os anos, orando, de modo especial, pela unidade dos cristãos. É o padrão de todas as outras novenas.

A novena é uma série de nove dias seguidos em que louvamos a Deus por suas maravilhas, em particular, pelos santos, por cuja intercessão nos são distribuídos tantos dons.

Alegoricamente, a novena é antes de tudo um ato de louvor ao Pai, ao Filho e ao Espírito Santo, Deus três vezes Santo. Três é número perfeito. Três vezes três, nove. A novena é louvor perfeito à Trindade. A prática de nove dias de oração, louvor e súplica confirma de maneira extraordinária nossa fé em Deus que nos salva, por intermédio de Jesus, de Maria e dos santos.

O Concílio Vaticano II afirma: "Assim como a comunhão cristã entre os que caminham na terra nos aproxima mais de Cristo, também o convívio com os santos nos une a Cristo, fonte e cabeça de que provêm todas as graças e a própria vida do povo de Deus" (*Lumen Gentium*, 50).

Nossas Devoções procura alimentar o convívio com Jesus, Maria e os santos, para nos tornarmos cada dia mais próximos de Cristo, que nos enriquece com os dons do Espírito e com todas as graças de que necessitamos.

Francisco Catão

Coleção Nossas Devoções

- *Os Anjos de Deus: novena* – Francisco Catão
- *Dulce dos Pobres: novena e biografia* – Marina Mendonça
- *Francisco de Paula Victor: história e novena* – Aparecida Matilde Alves
- *Frei Galvão: novena e história* – Pe. Paulo Saraiva
- *Imaculada Conceição* – Francisco Catão
- *Jesus, Senhor da vida: dezoito orações de cura* – Francisco Catão
- *João Paulo II: novena, história e orações* – Aparecida Matilde Alves
- *João XXIII: biografia e novena* – Marina Mendonça
- *Maria, Mãe de Jesus e Mãe da Humanidade: novena e coroação de Nossa Senhora* – Aparecida Matilde Alves
- *Menino Jesus de Praga: história e novena* – Giovanni Marques Santos
- *Nhá Chica: Bem-aventurada Francisca de Paula de Jesus* – Aparecida Matilde Alves
- *Nossa Senhora Achiropita: novena e biografia* – Antonio Sagrado Bogaz e Rodinei Carlos Thomazella
- *Nossa Senhora Aparecida: história e novena* – Maria Belém
- *Nossa Senhora da Cabeça: história e novena* – Mario Basacchi
- *Nossa Senhora da Luz: novena e história* – Maria Belém
- *Nossa Senhora da Penha: novena e história* – Maria Belém
- *Nossa Senhora da Salete: história e novena* – Aparecida Matilde Alves
- *Nossa Senhora das Graças ou Medalha Milagrosa: novena e origem da devoção* – Mario Basacchi
- *Nossa Senhora de Caravaggio: história e novena* – Leomar A. Brustolin e Volmir Comparin
- *Nossa Senhora de Fátima: novena* – Tarcila Tommasi
- *Nossa Senhora de Guadalupe: novena e história das aparições a São Juan Diego* – Maria Belém
- *Nossa Senhora de Nazaré: novena e história* – Maria Belém
- *Nossa Senhora Desatadora dos Nós: história e novena* – Frei Zeca
- *Nossa Senhora do Bom Parto: novena e reflexões bíblicas* – Mario Basacchi

- *Nossa Senhora do Carmo: novena e história* – Maria Belém
- *Nossa Senhora do Desterro: história e novena* – Celina Helena Weschenfelder
- *Nossa Senhora do Perpétuo Socorro: história e novena* – Mario Basacchi
- *Nossa Senhora Rainha da Paz: história e novena* – Celina Helena Weschenfelder
- *Novena à Divina Misericórdia* – Tarcila Tommasi
- *Novena das Rosas: história e novena de Santa Teresinha do Menino Jesus* – Aparecida Matilde Alves
- *Novena em honra ao Senhor Bom Jesus* – José Ricardo Zonta
- *Ofício da Imaculada Conceição: orações, hinos e reflexões* – Cristóvão Dworak
- *Orações do cristão: preces diárias* – Celina Helena Weschenfelder
- *Padre Pio: novena e história* – Maria Belém
- *Paulo, homem de Deus: novena de São Paulo Apóstolo* – Francisco Catão
- *Reunidos pela força do Espírito Santo: novena de Pentecostes* – Tarcila Tommasi
- *Rosário dos enfermos* – Aparecida Matilde Alves
- *Rosário por uma transformação espiritual e psicológica* – Gustavo E. Jamut
- *Sagrada Face: história, novena e devocionário* – Giovanni Marques Santos
- *Sagrada Família: novena* – Pe. Paulo Saraiva
- *Sant'Ana: novena e história* – Maria Belém
- *Santa Cecília: novena e história* – Frei Zeca
- *Santa Edwiges: novena e biografia* – J. Alves
- *Santa Filomena: história e novena* – Mario Basacchi
- *Santa Gemma Galgani: história e novena* – José Ricardo Zonta
- *Santa Joana d'Arc: novena e biografia* – Francisco de Castro
- *Santa Luzia: novena e biografia* – J. Alves
- *Santa Maria Goretti: história e novena* – José Ricardo Zonta
- *Santa Paulina: novena e biografia* – J. Alves
- *Santa Rita de Cássia: novena e biografia* – J. Alves

- *Santa Teresa de Calcutá: biografia e novena* – Celina Helena Weschenfelder
- *Santa Teresinha do Menino: novena e biografia* – Jesus Mario Basacchi
- *Santo Afonso de Ligório: novena e biografia* – Mario Basacchi
- *Santo Antônio: novena, trezena e responsório* – Mario Basacchi
- *Santo Expedito: novena e dados biográficos* – Francisco Catão
- *Santo Onofre: história e novena* – Tarcila Tommasi
- *São Benedito: novena e biografia* – J. Alves
- *São Bento: história e novena* – Francisco Catão
- *São Brás: história e novena* – Celina Helena Weschenfelder
- *São Cosme e São Damião: biografia e novena* – Mario Basacchi
- *São Cristóvão: história e novena* – Mário José Neto
- *São Francisco de Assis: novena e biografia* – Mario Basacchi
- *São Francisco Xavier: novena e biografia* – Gabriel Guarnieri
- *São Geraldo Majela: novena e biografia* – J. Alves
- *São Guido Maria Conforti: novena e biografia* – Gabriel Guarnieri
- *São José: história e novena* – Aparecida Matilde Alves
- *São Judas Tadeu: história e novena* – Maria Belém
- *São Marcelino Champagnat: novena e biografia* – Ir. Egídio Luiz Setti
- *São Miguel Arcanjo: novena* – Francisco Catão
- *São Pedro, Apóstolo: novena e biografia* – Maria Belém
- *São Roque: novena e biografia* – Roseane Gomes Barbosa
- *São Sebastião: novena e biografia* – Mario Basacchi
- *São Tarcísio: novena e biografia* – Frei Zeca
- *São Vito, mártir: história e novena* – Mario Basacchi
- *A Senhora da Piedade: setenário das dores de Maria* – Aparecida Matilde Alves
- *Tiago Alberione: novena e biografia* – Maria Belém